The Boy Who Painted Stars And Other Bilingual Portuguese-English Stories for Kids

Pomme Bilingual

Published by Pomme Bilingual, 2024.

While every precaution has been taken in the preparation of this book, the publisher assumes no responsibility for errors or omissions, or for damages resulting from the use of the information contained herein.

THE BOY WHO PAINTED STARS AND OTHER BILINGUAL PORTUGUESE-ENGLISH STORIES FOR KIDS

First edition. August 10, 2024.

Copyright © 2024 Pomme Bilingual.

ISBN: 979-8227272102

Written by Pomme Bilingual.

Table of Contents

O Menino que Pintava Estrelas

Era uma vez um menino chamado Pedro, que morava em uma pequena vila no campo. Ele era um garoto que via o mundo de uma maneira especial. Enquanto as outras crianças brincavam com bolas e cordas, Pedro passava horas olhando para o céu, encantado com as estrelas que brilhavam à noite.

Pedro tinha um sonho: ele queria pintar as estrelas para que todos pudessem ver como eram lindas de verdade. Sua família não tinha muito dinheiro, então ele usava tinta feita com frutas e vegetais que encontrava pela vila. Seus pincéis eram galhos de árvore e penas de pássaros que ele encontrava na floresta.

Todos na vila achavam que Pedro era um pouco diferente. Às vezes, ele falava sobre as constelações e como elas pareciam histórias de um livro mágico. Mas ninguém acreditava que suas pinturas pudessem capturar a verdadeira beleza do céu.

Uma noite, Pedro estava na beira do campo, olhando para as estrelas. Ele tinha pintado uma tela em branco com uma mistura de suco de mirtilo e polpa de beterraba. Ele usou um galho pequeno para fazer pinceladas suaves, criando pontos de luz no escuro. De repente, uma estrela cadente riscou o céu, e Pedro fez um desejo: que as pessoas vissem a beleza das estrelas como ele via.

Na manhã seguinte, Pedro foi para a vila com suas pinturas, ansioso para mostrar seu trabalho. Ele encontrou um grupo de crianças brincando e as convidou para ver suas obras de arte. As crianças riram e disseram que preferiam brincar em vez de olhar para pinturas de estrelas. Pedro ficou triste, mas decidiu continuar tentando.

Com o passar dos dias, Pedro pintou mais e mais estrelas. Ele colocava suas pinturas em locais diferentes, como na praça da vila, nas paredes da escola e até mesmo nas árvores ao redor. Algumas pessoas começaram a parar e olhar. Elas notaram que as pinturas de Pedro pareciam brilhar de uma maneira que elas nunca tinham visto antes.

Um dia, um velho sábio da vila, chamado Senhor Francisco, veio ver as pinturas de Pedro. Ele era conhecido por contar histórias e sabia muito sobre as estrelas. Quando viu as pinturas, os olhos do Senhor Francisco brilharam.

"Pedro," disse o velho com um sorriso, "suas pinturas têm algo especial. Elas capturam a luz das estrelas de uma forma que eu nunca vi. Talvez você esteja fazendo algo mais importante do que você imagina."

Pedro ficou surpreso e um pouco envergonhado, mas ficou feliz por ter sido reconhecido. O Senhor Francisco decidiu ajudar Pedro a organizar uma exposição de suas pinturas na praça principal. Com a ajuda de toda a vila, a exposição foi um sucesso. As pessoas vieram de todos os lugares para ver as obras de Pedro e ficaram maravilhadas com a maneira como ele capturou a beleza do céu.

Pedro se sentiu realizado e orgulhoso. Ele percebeu que, embora ninguém tivesse acreditado nele no começo, suas pinturas tinham o poder de tocar os corações das pessoas e lhes mostrar algo novo. As crianças que antes não estavam interessadas, agora ficavam fascinadas com as histórias das constelações e a beleza das estrelas.

Pedro aprendeu que o mundo é cheio de beleza, e às vezes, precisamos de um pouco de coragem para mostrar aos outros o que vemos. Ele continuou a pintar e a compartilhar suas obras, e a cada noite, quando olhava para as estrelas, sentia uma alegria profunda, sabendo que tinha cumprido seu sonho de mostrar a verdadeira magia do céu.

E assim, Pedro viveu feliz, pintando estrelas e espalhando a beleza do universo para todos ao seu redor, sempre lembrando que a verdadeira magia está em como vemos e compartilhamos o mundo com os outros.

The Boy Who Painted Stars

O nce upon a time, there was a boy named Peter who lived in a small village in the countryside. He was a child who saw the world in a special way. While other kids played with balls and ropes, Peter spent hours gazing at the sky, enchanted by the stars that sparkled at night.

Peter had a dream: he wanted to paint the stars so that everyone could see how truly beautiful they were. His family didn't have much money, so he used paint made from fruits and vegetables he found around the village. His brushes were tree twigs and feathers from birds he found in the forest.

Everyone in the village thought Peter was a bit different. Sometimes, he talked about constellations and how they seemed like stories from a magical book. But no one believed his paintings could capture the true beauty of the sky.

One night, Peter was on the edge of the field, gazing at the stars. He had painted a blank canvas with a mixture of blueberry juice and beetroot pulp. He used a small twig to make soft brushstrokes, creating points of light in the dark. Suddenly, a shooting star streaked across the sky, and Peter made a wish: that people could see the beauty of the stars as he did.

The next morning, Peter went to the village with his paintings, eager to show his work. He found a group of children playing and invited them to see his art. The children laughed and said they preferred playing to looking at star paintings. Peter felt sad but decided to keep trying.

Over the days, Peter painted more and more stars. He placed his paintings in different places, such as in the village square, on the school walls, and even on the trees around. Some people began to stop and look. They noticed that Peter's paintings seemed to glow in a way they had never seen before.

One day, an old sage from the village, named Mr. Francis, came to see Peter's paintings. He was known for telling stories and knew a lot about the stars. When he saw the paintings, Mr. Francis's eyes lit up.

"Peter," said the old man with a smile, "your paintings have something special. They capture the light of the stars in a way I've never seen. Perhaps you're doing something more important than you realize."

Peter was surprised and a bit embarrassed, but he was happy to be recognized. Mr. Francis decided to help Peter organize an exhibition of his paintings in the main square. With the help of the whole village, the exhibition was a success. People came from all over to see Peter's works and were amazed at how he captured the beauty of the sky.

Peter felt fulfilled and proud. He realized that although no one had believed in him at first, his paintings had the power to touch people's hearts and show them something new. The children who were once uninterested now became fascinated with the stories of constellations and the beauty of the stars.

Peter learned that the world is full of beauty, and sometimes we need a little courage to show others what we see. He continued to paint and share his works, and every night, when he looked at the stars, he felt a deep joy, knowing he had fulfilled his dream of showing the true magic of the sky.

And so, Peter lived happily, painting stars and spreading the beauty of the universe to everyone around him, always remembering that the true magic is in how we see and share the world with others.

O Tesouro das Cores

Era uma vez, em uma vila rodeada por montanhas verdes e campos floridos, uma menina chamada Lua. Ela tinha olhos grandes e curiosos e sempre sonhava com aventuras além daquelas que conhecia. Lua adorava explorar a natureza e descobrir novos segredos, mas seu maior desejo era encontrar o Tesouro das Cores, um tesouro mágico que, segundo as lendas da vila, trazia felicidade e cor para a vida de quem o encontrasse.

A história do Tesouro das Cores era passada de geração em geração. Diziam que ele estava escondido em algum lugar nas profundezas da Floresta Encantada, uma floresta mágica cheia de árvores antigas, flores brilhantes e criaturas fantásticas. Lua ouviu muitas histórias sobre o tesouro e, a cada nova história, seu desejo de encontrá-lo aumentava.

Em uma manhã clara e ensolarada, Lua decidiu que era o dia perfeito para começar sua busca. Ela preparou uma pequena mochila com o essencial: uma garrafinha de água, um lanche de frutas e algumas ferramentas básicas. Antes de sair, sua avó lhe deu um beijo e disse: "Lembre-se, querida, o verdadeiro tesouro não é apenas o que encontramos, mas também as aventuras e amigos que fazemos pelo caminho."

Com um abraço apertado, Lua se despediu e partiu em direção à Floresta Encantada. O caminho para a floresta era longo e sinuoso, mas Lua estava determinada. Enquanto caminhava, ela se maravilhava com a beleza ao seu redor: o céu azul, as nuvens fofas e o canto alegre dos pássaros.

Ao entrar na floresta, Lua sentiu um frio na barriga, mas também uma empolgação imensa. As árvores eram altas e imensas, com folhas verdes que pareciam brilhar ao sol. O chão estava coberto por uma manta de folhas secas e musgo macio. Lua seguiu um caminho estreito e sinuoso, ouvindo os sons misteriosos da floresta e tentando manter o foco em seu objetivo.

Depois de caminhar por um tempo, Lua encontrou um pequeno riacho que serpenteava pela floresta. A água era cristalina e refletia as cores das árvores e flores ao redor. Lua decidiu seguir o riacho, acreditando que ele poderia levá-la a algum lugar importante.

Enquanto caminhava ao longo do riacho, Lua encontrou uma pequena criatura que parecia uma mistura de coelho e esquilo, com orelhas longas e pelagem macia. A criatura a observava com olhos curiosos e brilhantes. Lua se aproximou lentamente e disse: "Olá, você sabe onde posso encontrar o Tesouro das Cores?"

A criatura, que se apresentou como Pim, balançou a cabeça e respondeu: "Eu ouvi falar sobre o Tesouro das Cores, mas ninguém sabe ao certo onde ele está escondido. No entanto, se você quiser, posso ajudar a encontrar alguns sinais que podem levar ao tesouro."

Lua estava animada com a ideia de ter um companheiro de viagem e agradeceu a Pim. Juntos, continuaram a explorar a floresta. Pim tinha uma habilidade especial: ele podia sentir mudanças na energia da floresta e, com isso, conseguia encontrar trilhas e pistas que Lua não conseguia ver.

Ao cair da tarde, Lua e Pim chegaram a uma clareira mágica. No centro da clareira havia um antigo tronco de árvore com símbolos brilhantes entalhados em sua casca. Lua se aproximou e tocou os símbolos, que começaram a brilhar suavemente.

"Esses são os Símbolos da Alegria," explicou Pim. "Eles indicam que você está no caminho certo. Mas lembre-se, a jornada é tão importante quanto o destino. Continue com coragem e coração aberto."

Lua e Pim seguiram em frente e, conforme o sol se punha, chegaram a uma parte da floresta onde o céu parecia mais claro e as estrelas começavam a brilhar. Eles encontraram um campo de flores luminosas que piscavam como pequenas lanternas. Lua se sentou no campo e olhou para o céu, pensando sobre o que sua avó havia dito sobre o verdadeiro tesouro.

"Sabe, Pim," Lua começou, "eu sempre pensei que o tesouro era algo físico, algo que eu poderia ver e tocar. Mas agora, ao ver todas essas flores e estrelas, sinto que talvez o tesouro seja algo mais... algo que não se pode tocar, mas que se sente."

Pim sorriu e respondeu: "Você está começando a entender a verdadeira essência do tesouro. O que você sente e vê com seu coração é o que realmente importa."

Enquanto Lua refletia sobre essas palavras, ela notou algo no céu: uma estrela cadente cruzava o horizonte, deixando um rastro brilhante. Lua fez um desejo silencioso e, com um sorriso, fechou os olhos, sentindo a magia ao seu redor.

No dia seguinte, Lua e Pim continuaram sua jornada. Eles seguiram um caminho que os levou até uma colina com uma vista deslumbrante. Do alto da colina, Lua viu toda a floresta e a vila ao longe. O sol estava começando a nascer, e o céu estava cheio de cores quentes e suaves.

"Esta é a vista mais bonita que já vi," disse Lua, emocionada. "Sinto como se tivesse encontrado algo especial, mesmo que não tenha encontrado um tesouro físico."

Pim concordou e disse: "Às vezes, o verdadeiro tesouro está em como a jornada nos transforma e nos faz ver o mundo de uma nova maneira. O que você encontrou é a beleza e a magia do mundo, e isso é algo que você levará para sempre em seu coração."

Lua sorriu, compreendendo que, embora ainda houvesse muitas aventuras pela frente, ela havia encontrado algo muito valioso em sua jornada. Ela e Pim retornaram à vila, e Lua compartilhou suas histórias e descobertas com todos.

A partir daquele dia, Lua passou a olhar para o mundo com novos olhos, apreciando a beleza nas pequenas coisas e entendendo que a verdadeira magia estava na jornada e nas conexões que fazemos ao longo do caminho.

E assim, Lua e Pim continuaram a explorar o mundo juntos, sempre em busca de novas aventuras e lembrando que, embora o Tesouro das Cores possa ter sido apenas uma lenda, a verdadeira

cor e alegria estavam na maneira como viviam e viam o mundo
ao seu redor.

The Treasure of Colors

Once upon a time, in a village surrounded by green mountains and flowering fields, there was a girl named Lua. She had big, curious eyes and always dreamed of adventures beyond what she knew. Lua loved exploring nature and discovering new secrets, but her greatest wish was to find the Treasure of Colors, a magical treasure that, according to the village legends, brought happiness and color to the life of whoever found it.

The story of the Treasure of Colors was passed down from generation to generation. They said it was hidden somewhere deep within the Enchanted Forest, a magical forest full of ancient trees, glowing flowers, and fantastic creatures. Lua had heard many stories about the treasure, and with each new tale, her desire to find it grew.

On a clear, sunny morning, Lua decided it was the perfect day to start her search. She packed a small backpack with essentials: a water bottle, a fruit snack, and some basic tools. Before she left, her grandmother gave her a kiss and said, "Remember, dear, the true treasure is not just what we find but also the adventures and friends we make along the way."

With a tight hug, Lua said goodbye and set off towards the Enchanted Forest. The path to the forest was long and winding, but Lua was determined. As she walked, she marveled at the beauty around her: the blue sky, fluffy clouds, and the cheerful songs of the birds.

Upon entering the forest, Lua felt a flutter of excitement and a touch of nervousness. The trees were tall and majestic, with leaves that seemed to shimmer in the sunlight. The ground was covered with a blanket of dry leaves and soft moss. Lua followed a narrow, winding path, listening to the mysterious sounds of the forest and trying to stay focused on her goal.

After a while, Lua came across a small stream winding through the forest. The water was crystal clear and reflected the colors of the trees and flowers around it. Lua decided to follow the stream, believing it might lead her to something important.

As she walked along the stream, Lua encountered a small creature that looked like a mix between a rabbit and a squirrel, with long ears and soft fur. The creature watched her with curious, sparkling eyes. Lua approached slowly and asked, "Hello, do you know where I can find the Treasure of Colors?"

The creature, who introduced itself as Pim, shook its head and replied, "I've heard about the Treasure of Colors, but no one really knows where it's hidden. However, if you'd like, I can help you find some clues that might lead to the treasure."

Lua was excited at the idea of having a travel companion and thanked Pim. Together, they continued to explore the forest. Pim had a special ability: he could sense changes in the forest's energy and, with that, find trails and clues that Lua couldn't see.

By evening, Lua and Pim arrived at a magical clearing. In the center of the clearing was an ancient tree trunk with glowing symbols carved into its bark. Lua approached and touched the symbols, which began to glow softly.

"These are the Symbols of Joy," Pim explained. "They indicate that you're on the right path. But remember, the journey is as important as the destination. Continue with courage and an open heart."

Lua and Pim pressed on, and as the sun set, they reached a part of the forest where the sky seemed clearer and the stars began to shine. They found a field of luminous flowers that blinked like tiny lanterns. Lua sat in the field and looked up at the sky, reflecting on what her grandmother had said about the true treasure.

"You know, Pim," Lua began, "I always thought the treasure was something physical, something I could see and touch. But now, seeing all these flowers and stars, I feel that maybe the treasure is something more... something that can't be touched, but is felt."

Pim smiled and replied, "You're starting to understand the true essence of the treasure. What you feel and see with your heart is what truly matters."

As Lua pondered these words, she noticed something in the sky: a shooting star streaking across the horizon, leaving a bright trail. Lua made a silent wish and, with a smile, closed her eyes, feeling the magic around her.

The next day, Lua and Pim continued their journey. They followed a path that led them to a hill with a breathtaking view. From the top of the hill, Lua saw the entire forest and the village in the distance. The sun was beginning to rise, and the sky was filled with warm, soft colors.

"This is the most beautiful view I've ever seen," Lua said, moved. "I feel like I've found something special, even if I haven't found a physical treasure."

Pim agreed and said, "Sometimes, the true treasure is how the journey transforms us and helps us see the world in a new way. What you've found is the beauty and magic of the world, and that's something you'll carry in your heart forever."

Lua smiled, realizing that although many adventures lay ahead, she had discovered something very valuable on her journey. She and Pim returned to the village, and Lua shared her stories and discoveries with everyone.

From that day on, Lua looked at the world with new eyes, appreciating the beauty in small things and understanding that the true magic was in the journey and the connections we make along the way.

And so, Lua and Pim continued to explore the world together, always seeking new adventures and remembering that, although the Treasure of Colors might have been just a legend, the true color and joy were in the way they lived and saw the world around them.

O Menino e o Dragão das Nuvens

Era uma vez, em uma vila encantada aninhada entre montanhas azuladas e vales verdejantes, um menino chamado Gabriel. Gabriel era um garoto curioso e sonhador, com olhos brilhantes e um coração cheio de aventuras. Todos na vila sabiam que ele adorava explorar o mundo ao seu redor, sempre em busca de algo extraordinário.

Uma manhã, enquanto Gabriel passeava pela floresta perto de sua casa, ele ouviu um sussurro suave que parecia vir das nuvens. Ele levantou a cabeça e viu algo incrível: uma nuvem que estava se movendo de maneira diferente das outras. Era como se a nuvem estivesse tentando chamar sua atenção.

Intrigado, Gabriel decidiu seguir a nuvem. Ele correu por campos e atravessou riachos até chegar a uma clareira mágica que nunca tinha visto antes. No centro da clareira, havia uma pedra antiga com runas brilhantes. A nuvem parecia estar flutuando acima da pedra, como se estivesse esperando por algo.

Gabriel se aproximou da pedra e tocou as runas. De repente, a nuvem desceu e se transformou em um dragão pequeno e amigável, com escamas brilhantes que refletiam todas as cores do arco-íris. O dragão sorriu para Gabriel e disse: "Olá, sou Nimbus, o Dragão das Nuvens. Eu estava esperando por você. O que você procura em sua jornada?"

Gabriel ficou surpreso, mas também muito animado. "Eu não estou exatamente procurando algo específico. Eu só estou sempre em busca de novas aventuras. Você pode me contar mais sobre você e por que estava me chamando?"

Nimbus balançou a cabeça e disse: "Eu preciso de ajuda para encontrar algo muito importante. Há um cristal mágico que foi perdido no tempo e precisa ser encontrado para restaurar o equilíbrio das nuvens e trazer de volta a cor ao nosso mundo. Somente alguém com um coração puro e um espírito aventureiro pode ajudar. Eu senti que você seria a pessoa certa."

Gabriel estava encantado com a ideia de ajudar Nimbus e se ofereceu para embarcar na missão. Nimbus explicou que o cristal estava escondido em um lugar chamado o Vale da Aurora, um lugar mágico que só podia ser encontrado por aqueles que tinham coragem e fé em suas próprias habilidades.

"Vamos partir agora," disse Nimbus. "O caminho pode ser difícil, mas com coragem e amizade, podemos encontrar o cristal e restaurar a beleza do nosso mundo."

Gabriel e Nimbus começaram sua jornada juntos. Eles voaram sobre montanhas e florestas, passando por campos de flores e rios brilhantes. Nimbus usava suas habilidades para criar pontes de nuvem e suavizar as tempestades que encontravam pelo caminho. Gabriel, por sua vez, usava sua inteligência e coragem para superar os desafios e encontrar soluções criativas para os problemas que surgiam.

Em um momento de calmaria, enquanto estavam descansando em um campo de flores silvestres, Gabriel perguntou: "Nimbus, por que o cristal é tão importante para você e para o mundo das nuvens?"

Nimbus olhou para o céu e respondeu: "O cristal tem o poder de manter as nuvens vibrantes e cheias de cor. Sem ele, as nuvens começam a se tornar cinzentas e sem vida. As cores das nuvens refletem a alegria e a energia do mundo abaixo. Quando o cristal foi perdido, a cor das nuvens começou a desaparecer, e a tristeza começou a se espalhar. Precisamos restaurar o cristal para trazer de volta a beleza e a felicidade ao nosso mundo."

Gabriel compreendeu a importância da missão e se sentiu ainda mais motivado a ajudar Nimbus. Eles continuaram sua jornada, enfrentando tempestades e ventos fortes. Mas com cada desafio superado, Gabriel e Nimbus se tornavam mais próximos e mais confiantes em suas habilidades.

Finalmente, eles chegaram à entrada do Vale da Aurora. O vale era um lugar deslumbrante, com montanhas cobertas de neve, lagos cintilantes e árvores carregadas de flores brilhantes. No centro do vale havia uma antiga fortaleza de cristal, onde o cristal mágico estava escondido.

Para entrar na fortaleza, Gabriel e Nimbus precisavam resolver um enigma. As portas da fortaleza estavam adornadas com inscrições antigas que formavam um quebra-cabeça. Gabriel estudou as inscrições e, usando sua inteligência e as dicas que Nimbus lhe deu, conseguiu resolver o enigma e abrir as portas.

Dentro da fortaleza, eles encontraram o cristal mágico em um pedestal no centro de uma sala iluminada. O cristal brilhava com todas as cores do arco-íris, e a sala parecia cheia de uma energia vibrante. Gabriel e Nimbus se aproximaram do cristal, mas de repente, uma sombra escura surgiu e envolveu o cristal.

Era um guardião sombrio que havia sido designado para proteger o cristal e garantir que ele não fosse retirado. O guardião falou com uma voz profunda e ecoante: "Somente aqueles com um coração verdadeiramente puro e desinteressado podem levar o cristal. Se você realmente deseja restaurar o equilíbrio, deve provar seu valor."

Gabriel olhou para Nimbus e percebeu que a missão não era apenas sobre encontrar o cristal, mas também sobre provar a pureza de seus corações. Ele se lembrou das palavras de sua avó sobre o verdadeiro valor das coisas e decidiu enfrentar o desafio com coragem e sinceridade.

"Nós só queremos restaurar a beleza e a alegria ao mundo das nuvens," Gabriel disse com firmeza. "Não buscamos o cristal para nós mesmos, mas para trazer de volta a cor e a felicidade ao nosso mundo. Por favor, permita-nos levar o cristal."

O guardião observou Gabriel e Nimbus com atenção. Ele parecia sentir a sinceridade e a verdade em suas palavras. Finalmente, a sombra escura se dissipou, e o guardião concedeu-lhes permissão para levar o cristal.

Gabriel e Nimbus pegaram o cristal com cuidado e o levaram de volta ao mundo das nuvens. Quando colocaram o cristal em seu lugar na pedra antiga, uma onda de cores e luzes brilhantes se espalhou pelo céu. As nuvens começaram a brilhar novamente com todas as cores do arco-íris, e o mundo das nuvens voltou a ser vibrante e cheio de vida.

Nimbus sorriu para Gabriel e disse: "Você fez um trabalho maravilhoso. O equilíbrio foi restaurado, e o mundo das nuvens está mais bonito do que nunca, graças a você. A verdadeira magia está na coragem e na bondade que você mostrou durante esta jornada."

Gabriel se sentiu profundamente feliz e realizado. Ele havia aprendido que a verdadeira importância de uma aventura não estava apenas no destino, mas nas lições aprendidas e nas amizades feitas ao longo do caminho.

Com um último olhar para o mundo das nuvens, Gabriel se despediu de Nimbus e retornou à sua vila. Ele compartilhou suas histórias e aventuras com todos, e a vila celebrou a restauração das cores no céu.

E assim, Gabriel continuou a explorar o mundo com uma nova perspectiva, sabendo que as maiores aventuras e o verdadeiro tesouro estão nas experiências e nas amizades que fazemos ao longo do caminho.

The Boy and the Cloud Dragon

Once upon a time, in an enchanted village nestled between blue mountains and verdant valleys, lived a boy named Gabriel. Gabriel was a curious and dreamer child, with bright eyes and a heart full of adventures. Everyone in the village knew that he loved exploring the world around him, always in search of something extraordinary.

One morning, while Gabriel was wandering through the forest near his home, he heard a soft whisper that seemed to come from the clouds. He looked up and saw something amazing: a cloud that was moving differently from the others. It was as if the cloud was trying to get his attention.

Intrigued, Gabriel decided to follow the cloud. He ran through fields and crossed streams until he reached a magical clearing he had never seen before. In the center of the clearing was an ancient stone with glowing runes. The cloud seemed to be floating above the stone, as if waiting for something.

Gabriel approached the stone and touched the runes. Suddenly, the cloud descended and transformed into a small, friendly dragon with shimmering scales that reflected all the colors of the rainbow. The dragon smiled at Gabriel and said, "Hello, I'm Nimbus, the Cloud Dragon. I've been waiting for you. What are you seeking on your journey?"

Gabriel was surprised but also very excited. "I'm not exactly looking for something specific. I'm just always in search of new adventures. Can you tell me more about you and why you were calling me?"

Nimbus nodded and said, "I need help finding something very important. There is a magical crystal that was lost in time and needs to be found to restore the balance of the clouds and bring back color to our world. Only someone with a pure heart and an adventurous spirit can help. I felt you would be the right person."

Gabriel was thrilled at the idea of helping Nimbus and volunteered to embark on the quest. Nimbus explained that the crystal was hidden in a place called the Valley of Aurora, a magical place that could only be found by those with courage and faith in their own abilities.

"Let's set off now," said Nimbus. "The journey may be difficult, but with courage and friendship, we can find the crystal and restore the beauty of our world."

Gabriel and Nimbus began their journey together. They flew over mountains and forests, passing through fields of flowers and shimmering rivers. Nimbus used his abilities to create cloud bridges and soften the storms they encountered along the way. Gabriel, in turn, used his intelligence and courage to overcome challenges and find creative solutions to the problems they faced.

During a moment of calm, while they were resting in a field of wildflowers, Gabriel asked, "Nimbus, why is the crystal so important to you and to the cloud world?"

Nimbus looked at the sky and replied, "The crystal has the power to keep the clouds vibrant and full of color. Without it, the clouds begin to turn gray and lifeless. The colors of the clouds reflect the joy and energy of the world below. When the crystal was lost, the color of the clouds began to fade, and sadness began to spread. We need to restore the crystal to bring back beauty and happiness to our world."

Gabriel understood the importance of the mission and felt even more motivated to help Nimbus. They continued their journey, facing storms and strong winds. But with each challenge overcome, Gabriel and Nimbus became closer and more confident in their abilities.

Finally, they arrived at the entrance of the Valley of Aurora. The valley was a breathtaking place, with snow-covered mountains, sparkling lakes, and trees laden with glowing flowers. In the center of the valley was an ancient crystal fortress, where the magical crystal was hidden.

To enter the fortress, Gabriel and Nimbus needed to solve a riddle. The doors of the fortress were adorned with ancient inscriptions that formed a puzzle. Gabriel studied the inscriptions and, using his intelligence and Nimbus's hints, managed to solve the riddle and open the doors.

Inside the fortress, they found the magical crystal on a pedestal in the center of a brightly lit room. The crystal glowed with all the colors of the rainbow, and the room seemed to be filled with vibrant energy. Gabriel and Nimbus approached the crystal, but suddenly, a dark shadow appeared and enveloped the crystal.

It was a shadowy guardian who had been assigned to protect the crystal and ensure that it was not removed. The guardian spoke with a deep, echoing voice: "Only those with a truly pure and selfless heart may take the crystal. If you truly wish to restore balance, you must prove your worth."

Gabriel looked at Nimbus and realized that the quest was not just about finding the crystal but also about proving the purity of their hearts. He remembered his grandmother's words about the true value of things and decided to face the challenge with courage and sincerity.

"We only want to restore beauty and joy to the world of the clouds," Gabriel said firmly. "We do not seek the crystal for ourselves, but to bring back color and happiness to our world. Please allow us to take the crystal."

The guardian observed Gabriel and Nimbus closely. He seemed to sense the sincerity and truth in their words. Finally, the dark shadow dissipated, and the guardian granted them permission to take the crystal.

Gabriel and Nimbus carefully took the crystal and returned it to the cloud world. When they placed the crystal back in its place on the ancient stone, a wave of bright colors and lights spread across the sky. The clouds began to shine again with all the colors of the rainbow, and the world of the clouds became vibrant and full of life once more.

Nimbus smiled at Gabriel and said, "You did a wonderful job. The balance has been restored, and the world of the clouds is more beautiful than ever, thanks to you. The true magic lies in the courage and kindness you showed during this journey."

Gabriel felt deeply happy and fulfilled. He had learned that the true importance of an adventure was not just in the destination, but in the lessons learned and the friendships made along the way.

With one last look at the world of the clouds, Gabriel said goodbye to Nimbus and returned to his village. He shared his stories and adventures with everyone, and the village celebrated the restoration of colors in the sky.

And so, Gabriel continued to explore the world with a new perspective, knowing that the greatest adventures and the true treasure lay in the experiences and friendships we make along the way.

O Menino e a Árvore dos Sonhos

Era uma vez, numa pequena aldeia situada ao pé de uma colina verdejante e próxima a um lago cristalino, um menino chamado Miguel. Miguel era conhecido por todos na aldeia por sua curiosidade infinita e seu espírito sonhador. Ele passava horas explorando a floresta, observando as estrelas e imaginando mundos além dos limites de sua aldeia.

Certa manhã, enquanto caminhava pela floresta, Miguel encontrou uma árvore antiga e majestosa que nunca tinha visto antes. Suas folhas eram de um verde profundo e suas raízes se entrelaçavam com a terra de maneira fascinante. O tronco da árvore estava coberto de musgo e tinha uma aparência de sabedoria antiga. Havia algo de mágico naquela árvore, algo que fazia o coração de Miguel bater mais rápido.

Miguel se aproximou da árvore e a tocou suavemente. Para sua surpresa, a árvore começou a brilhar com uma luz suave e cintilante. Uma voz gentil e melodiosa surgiu do tronco da árvore: "Olá, Miguel. Sou a Árvore dos Sonhos. Tenho observado você e sinto que está pronto para uma grande aventura. Deseja ouvir minha história e descobrir um segredo especial?"

Miguel ficou maravilhado e respondeu com entusiasmo: "Sim, adoraria ouvir sua história e descobrir o segredo!"

A Árvore dos Sonhos começou a contar sua história. "Há muito tempo, antes que a sua aldeia existisse, eu era a guardiã dos sonhos e das esperanças das pessoas. Eu possuía o poder de transformar sonhos em realidade e trazer alegria ao mundo. No entanto, um dia, um grande mal surgiu e roubou minha magia. Agora, meus sonhos estão escondidos em um lugar secreto, e preciso de sua ajuda para recuperá-los."

Miguel estava empolgado com a ideia de ajudar a Árvore dos Sonhos. Ele perguntou: "Onde posso encontrar os sonhos perdidos e como posso ajudar?"

A Árvore dos Sonhos respondeu: "Os sonhos estão escondidos no Jardim das Estrelas, um lugar mágico e misterioso que fica além da Montanha dos Mistérios. Somente aqueles que possuem um coração puro e uma grande coragem podem encontrar o Jardim e recuperar os sonhos. Eu acredito que você tem essas qualidades."

Com uma mistura de excitação e determinação, Miguel começou a se preparar para a jornada. Ele preparou uma pequena mochila com suprimentos essenciais: um mapa, uma lanterna, um caderno de anotações e alguns lanches. Ele se despediu de seus pais, que estavam preocupados, mas orgulhosos de sua coragem.

Miguel partiu em direção à Montanha dos Mistérios. A jornada era longa e repleta de desafios. A primeira parte do caminho era uma trilha íngreme e rochosa, coberta por vegetação densa. Miguel usou sua determinação para superar a dificuldade e, ao chegar ao topo da montanha, encontrou uma visão deslumbrante: uma vasta planície coberta de flores brilhantes e um rio de águas cristalinas.

Enquanto explorava a planície, Miguel encontrou um pequeno animal com orelhas grandes e olhos brilhantes. Era um coelho dourado chamado Brilho. Brilho olhou para Miguel e disse: "Você está indo para o Jardim das Estrelas, não é? Eu conheço o caminho, mas para chegar lá, você precisa enfrentar um desafio especial."

Miguel perguntou: "Que tipo de desafio?"

Brilho respondeu: "Você precisará encontrar a Chave dos Sonhos, que está escondida em algum lugar nesta planície. Sem a chave, não será possível abrir o portal para o Jardim das Estrelas."

Miguel se preparou para a busca e começou a procurar pela Chave dos Sonhos. Ele examinou cuidadosamente as flores, as pedras e até mesmo as árvores ao redor. Após um tempo de busca, ele encontrou uma pequena caixa escondida sob uma pedra coberta de musgo. Dentro da caixa estava a Chave dos Sonhos, brilhando com uma luz suave.

Brilho ficou muito feliz e disse: "Excelente trabalho! Agora, vamos ao portal. Ele está localizado na entrada do Jardim das Estrelas, mas é protegido por um enigma. Apenas aqueles que resolvem o enigma podem entrar."

Miguel e Brilho seguiram para a entrada do Jardim das Estrelas. O portal era uma porta magnífica feita de estrelas e lua. Havia um enigma escrito em letras douradas na porta: "Eu sou leve como uma pena, mas nenhum homem pode me segurar. O que sou eu?"

Miguel pensou por um momento e, com um sorriso, respondeu: "O vento!"

A porta se abriu suavemente, revelando um caminho iluminado por estrelas. Miguel e Brilho entraram no Jardim das Estrelas, um lugar maravilhoso onde as estrelas brilhavam como flores e os caminhos eram feitos de luz. No centro do jardim estava um grande lago de água luminosa.

A Árvore dos Sonhos apareceu à margem do lago e disse: "Você encontrou o Jardim das Estrelas e agora pode recuperar os sonhos perdidos. O lago contém os sonhos que foram roubados. Use a Chave dos Sonhos para abrir o baú mágico que está no fundo do lago. Os sonhos estão dentro dele."

Miguel mergulhou no lago e nadou até o fundo, onde encontrou um baú dourado. Usando a chave, ele abriu o baú e encontrou dentro dele uma coleção de pequenos cristais brilhantes. Cada cristal representava um sonho. Miguel pegou os cristais e os trouxe de volta para a superfície.

A Árvore dos Sonhos sorriu ao ver os cristais e disse: "Você fez um trabalho maravilhoso. Agora, vou restaurar a minha magia e devolver os sonhos ao mundo. Como recompensa, quero lhe dar um presente especial. Escolha um cristal e ele se tornará um guia para suas próprias aventuras e sonhos."

Miguel escolheu um cristal de um azul profundo e o segurou com cuidado. A Árvore dos Sonhos o abençoou e disse: "Este cristal será seu guia e lhe mostrará o caminho para seus próprios sonhos e aventuras. Lembre-se, a verdadeira magia está dentro de você e nas aventuras que você vive."

Com o cristal em mãos, Miguel e Brilho retornaram à aldeia. A Árvore dos Sonhos agradeceu a Miguel e disse: "Você ajudou a trazer a magia de volta ao mundo e recuperou os sonhos que estavam perdidos. Sua coragem e bondade iluminaram o caminho para todos."

Miguel compartilhou suas aventuras com a aldeia, e todos ficaram maravilhados com a história da Árvore dos Sonhos e do Jardim das Estrelas. O cristal azul tornou-se um símbolo de inspiração para todos na aldeia. Miguel continuou a explorar o mundo ao seu redor, sempre guiado pela luz de seu cristal e pela lembrança da grande aventura que teve.

E assim, Miguel descobriu que a verdadeira magia não estava apenas nos lugares que ele visitava, mas na jornada que vivia e nas pessoas que encontrava. Ele continuou a buscar sonhos e aventuras, sempre com o coração aberto e a mente cheia de possibilidades.

E sempre que olhava para o céu estrelado, Miguel lembrava da Árvore dos Sonhos e do Jardim das Estrelas, sabendo que os sonhos e a magia estavam sempre presentes, esperando para serem descobertos.

The Boy and the Tree of Dreams

O nce upon a time, in a small village nestled at the foot of a green hill and close to a crystal-clear lake, there lived a boy named Miguel. Miguel was known throughout the village for his endless curiosity and dreamer spirit. He spent hours exploring the forest, watching the stars, and imagining worlds beyond the boundaries of his village.

One morning, as Miguel walked through the forest, he stumbled upon an ancient and majestic tree he had never seen before. Its leaves were a deep green, and its roots intertwined with the earth in a fascinating way. The tree's trunk was covered with moss and had an air of ancient wisdom. There was something magical about the tree that made Miguel's heart race with excitement.

Miguel approached the tree and touched it gently. To his surprise, the tree began to glow with a soft, shimmering light. A gentle, melodious voice emerged from the tree's trunk: "Hello, Miguel. I am the Tree of Dreams. I have been watching you and feel that you are ready for a grand adventure. Would you like to hear my story and discover a special secret?"

Miguel was amazed and replied with enthusiasm: "Yes, I would love to hear your story and uncover the secret!"

The Tree of Dreams began its tale. "Long ago, before your village even existed, I was the guardian of dreams and hopes for the people. I had the power to turn dreams into reality and bring joy to the world. However, one day, a great evil emerged and stole my magic. Now, my dreams are hidden in a secret place, and I need your help to retrieve them."

Miguel was thrilled at the idea of helping the Tree of Dreams. He asked: "Where can I find the lost dreams and how can I help?"

The Tree of Dreams replied: "The dreams are hidden in the Garden of Stars, a magical and mysterious place beyond the Mountain of Mysteries. Only those with a pure heart and great courage can find the Garden and recover the dreams. I believe you possess these qualities."

With a mix of excitement and determination, Miguel began preparing for the journey. He packed a small backpack with essential supplies: a map, a flashlight, a notebook, and some snacks. He said goodbye to his parents, who were worried but proud of his bravery.

Miguel set off towards the Mountain of Mysteries. The journey was long and full of challenges. The first part of the path was a steep and rocky trail, covered with dense vegetation. Miguel used his determination to overcome the difficulty, and upon reaching the top of the mountain, he found a breathtaking view: a vast plain covered with sparkling flowers and a river of clear water.

As he explored the plain, Miguel encountered a small animal with large ears and bright eyes. It was a golden rabbit named Brilho. Brilho looked at Miguel and said: "You're heading to the Garden of Stars, aren't you? I know the way, but to get there, you need to face a special challenge."

Miguel asked: "What kind of challenge?"

Brilho replied: "You will need to find the Key of Dreams, which is hidden somewhere in this plain. Without the key, you won't be able to open the portal to the Garden of Stars."

Miguel prepared for the search and began looking for the Key of Dreams. He carefully examined the flowers, stones, and even the trees around. After a while of searching, he found a small box hidden under a moss-covered rock. Inside the box was the Key of Dreams, glowing with a soft light.

Brilho was very pleased and said: "Excellent job! Now, let's head to the portal. It is located at the entrance to the Garden of Stars but is protected by a riddle. Only those who solve the riddle can enter."

Miguel and Brilho proceeded to the entrance of the Garden of Stars. The portal was a magnificent door made of stars and moon. There was a riddle written in golden letters on the door: "I am as light as a feather, but no man can hold me. What am I?"

Miguel thought for a moment and, with a smile, answered: "The wind!"

The door opened gently, revealing a path illuminated by stars. Miguel and Brilho entered the Garden of Stars, a wonderful place where the stars shone like flowers and the paths were made of light. In the center of the garden was a large lake of glowing water.

The Tree of Dreams appeared at the edge of the lake and said: "You have found the Garden of Stars and can now retrieve the lost dreams. The lake holds the dreams that were stolen. Use the Key of Dreams to open the magical chest at the bottom of the lake. The dreams are inside it."

Miguel dove into the lake and swam to the bottom, where he found a golden chest. Using the key, he opened the chest and found inside a collection of small, glowing crystals. Each crystal represented a dream. Miguel took the crystals and brought them back to the surface.

The Tree of Dreams smiled at the sight of the crystals and said: "You did a wonderful job. Now, I will restore my magic and return the dreams to the world. As a reward, I want to give you a special gift. Choose a crystal, and it will become a guide for your own adventures and dreams."

Miguel chose a deep blue crystal and held it carefully. The Tree of Dreams blessed him and said: "This crystal will be your guide and show you the way to your own dreams and adventures. Remember, the true magic lies within you and in the adventures you live."

With the crystal in hand, Miguel and Brilho returned to the village. The Tree of Dreams thanked Miguel and said: "You helped bring magic back to the world and recovered the dreams that were lost. Your courage and kindness lit the way for everyone."

Miguel shared his adventures with the village, and everyone was amazed by the story of the Tree of Dreams and the Garden of Stars. The blue crystal became a symbol of inspiration for everyone in the village. Miguel continued to explore the world around him, always guided by the light of his crystal and the memory of the great adventure he had.

And so, Miguel discovered that the true magic was not only in the places he visited but in the journey he lived and the people he met. He continued to seek dreams and adventures, always with an open heart and a mind full of possibilities.

And whenever he looked at the starry sky, Miguel remembered the Tree of Dreams and the Garden of Stars, knowing that dreams and magic were always present, waiting to be discovered.

O Jardim dos Sussurros Mágicos

Era uma vez, em uma vila pacata cercada por colinas verdes e campos floridos, um menino chamado Lucas. Lucas tinha uma curiosidade insaciável e uma imaginação tão vasta quanto o céu. Desde pequeno, ele adorava explorar o mundo ao seu redor, em busca de aventuras e segredos.

Certa manhã, enquanto caminhava pela floresta próxima à sua vila, Lucas encontrou algo muito especial. Entre as árvores e arbustos, ele descobriu uma pequena entrada coberta por folhas e flores. Com o coração batendo rápido de excitação, ele empurrou as folhas e entrou em um espaço mágico que parecia brilhar com uma luz suave. Era um jardim encantado, cheio de plantas e flores que nunca tinha visto antes.

No centro do jardim havia um grande e majestoso carvalho, cujas folhas tinham todas as cores do arco-íris. As raízes da árvore se entrelaçavam com o solo, criando uma espécie de escada que levava até um pequeno esconderijo na base do tronco. Lucas sentiu um impulso de explorar esse esconderijo e, ao subir a escada de raízes, encontrou uma caixa antiga coberta de símbolos misteriosos.

Com cuidado, ele abriu a caixa e encontrou dentro dela um pergaminho e um pequeno cristal azul que brilhava com uma luz suave. O pergaminho estava decorado com desenhos de estrelas e luas, e continha uma mensagem escrita em letras douradas: "Bem-vindo ao Jardim dos Sussurros Mágicos. Somente aqueles com um coração puro e uma mente aberta podem desbloquear os segredos deste lugar."

Lucas sentiu um frio na barriga de empolgação. Ele sabia que estava prestes a embarcar em uma grande aventura. Com o pergaminho e o cristal azul em mãos, ele decidiu explorar o jardim. À medida que caminhava pelos caminhos iluminados, ele percebeu que o jardim estava cheio de criaturas mágicas e flores que sussurravam segredos no vento.

Logo, Lucas encontrou um pequeno coelho com pelagem dourada e olhos brilhantes. O coelho se apresentou como Lumi e disse: "Olá, Lucas. Eu sou Lumi, o guardião dos segredos deste jardim. Para desbloquear os mistérios do Jardim dos Sussurros Mágicos, você deve passar por três desafios. Somente se superar esses desafios, você poderá descobrir o grande segredo deste lugar."

Lucas aceitou o desafio com coragem e determinação. Lumi conduziu-o ao primeiro desafio, que era uma ponte feita de folhas e galhos que se estendia sobre um rio de água cristalina. Lumi explicou: "Esta ponte é mágica e se move com o vento. Você deve atravessar a ponte sem cair na água. Preste atenção aos sussurros das folhas, elas lhe darão dicas sobre o caminho seguro."

Lucas olhou atentamente para as folhas e ouviu os sussurros que vinham delas. Ele seguiu os sussurros e conseguiu atravessar a ponte com sucesso, sem cair na água. Quando chegou ao outro lado, Lumi sorriu e disse: "Você superou o primeiro desafio com habilidade. Agora, vamos ao segundo desafio."

O segundo desafio levou Lucas a uma clareira onde havia um grande labirinto feito de altas sebes. Lumi explicou: "Este labirinto é cheio de caminhos confusos e armadilhas. Para encontrar a saída, você deve ouvir os sussurros das flores que estão ao redor. Elas irão guiá-lo."

Lucas entrou no labirinto e começou a ouvir os sussurros das flores. As flores lhe deram dicas e orientações sobre a direção correta a seguir. Com paciência e atenção, ele encontrou a saída do labirinto. Lumi estava à espera e disse: "Ótimo trabalho! Você superou o segundo desafio. Agora, o último desafio aguarda."

O terceiro desafio era um enigma. Lumi levou Lucas até uma grande pedra coberta de musgo, onde estava escrito um enigma: "Eu sou leve como uma pena, mas posso mover montanhas. O que sou eu?"

Lucas pensou por um momento e, com um sorriso, respondeu: "O vento!"

A pedra se moveu para o lado, revelando uma caverna oculta atrás dela. Lumi disse: "Você resolveu o enigma e agora pode entrar na caverna. O grande segredo do Jardim dos Sussurros Mágicos está lá dentro."

Lucas entrou na caverna e encontrou um magnífico altar iluminado por uma luz dourada. No altar, havia um livro antigo coberto de pó. Lucas limpou o pó e abriu o livro, encontrando dentro dele uma mensagem especial: "O verdadeiro segredo do Jardim dos Sussurros Mágicos é que a magia está no coração e na mente de quem acredita. Este jardim foi criado para lembrar as pessoas de que a verdadeira magia vem de dentro."

Lumi apareceu ao lado de Lucas e disse: "Você descobriu o grande segredo do jardim. A magia não está apenas no mundo ao seu redor, mas também dentro de você. Use sua imaginação, seu coração e sua coragem para criar sua própria magia e espalhar alegria."

Lucas sorriu e agradeceu a Lumi pela incrível aventura. Ele saiu da caverna e voltou para a entrada do jardim. Com o cristal azul e o pergaminho em mãos, ele voltou para sua vila. Ao compartilhar sua aventura com os moradores da vila, todos ficaram maravilhados e inspirados.

O cristal azul tornou-se um símbolo de inspiração e esperança para todos na vila. Lucas continuou a explorar o mundo ao seu redor, sempre guiado pela magia que ele havia descoberto dentro de si mesmo.

E sempre que ele passava pelo Jardim dos Sussurros Mágicos, Lucas lembrava da mensagem do livro e da importância de acreditar na própria magia. Ele sabia que, independentemente dos desafios e das aventuras, a verdadeira magia estava em sua própria coragem e no amor que compartilhava com os outros.

Assim, Lucas viveu uma vida cheia de aventuras e sonhos, sempre mantendo o coração aberto para novas descobertas e maravilhas. E o Jardim dos Sussurros Mágicos continuou a ser um lugar especial onde a magia e a imaginação se encontravam, lembrando a todos que a verdadeira magia está sempre dentro de nós.

The Garden of Magical Whispers

Once upon a time, in a peaceful village surrounded by green hills and blooming fields, lived a boy named Lucas. Lucas had an insatiable curiosity and an imagination as vast as the sky. From a young age, he loved exploring the world around him, in search of adventures and secrets.

One morning, as he walked through the nearby forest, Lucas stumbled upon something very special. Among the trees and bushes, he discovered a small entrance covered with leaves and flowers. With his heart racing with excitement, he pushed aside the leaves and entered a magical space that seemed to glow with a soft light. It was an enchanted garden, full of plants and flowers he had never seen before.

At the center of the garden was a large, majestic oak tree, with leaves in all the colors of the rainbow. The tree's roots intertwined with the ground, creating a kind of staircase leading to a small hiding place in the base of the trunk. Lucas felt an impulse to explore this hiding place, and as he climbed the root staircase, he found an old chest covered with mysterious symbols.

Carefully, he opened the chest and found inside a scroll and a small blue crystal that glowed with a soft light. The scroll was adorned with drawings of stars and moons, and contained a message written in golden letters: "Welcome to the Garden of

Magical Whispers. Only those with a pure heart and an open mind can unlock the secrets of this place."

Lucas felt a shiver of excitement. He knew he was about to embark on a great adventure. With the scroll and blue crystal in hand, he decided to explore the garden. As he walked along the illuminated paths, he noticed that the garden was full of magical creatures and flowers that whispered secrets in the wind.

Soon, Lucas encountered a small rabbit with golden fur and bright eyes. The rabbit introduced himself as Lumi and said: "Hello, Lucas. I am Lumi, the guardian of the secrets of this garden. To unlock the mysteries of the Garden of Magical Whispers, you must pass three challenges. Only by overcoming these challenges will you discover the great secret of this place."

Lucas accepted the challenge with courage and determination. Lumi led him to the first challenge, which was a bridge made of leaves and branches stretching over a crystal-clear river. Lumi explained: "This bridge is magical and moves with the wind. You must cross the bridge without falling into the water. Pay attention to the whispers of the leaves; they will give you hints about the safe path."

Lucas watched the leaves closely and listened to their whispers. He followed the whispers and successfully crossed the bridge without falling into the water. When he reached the other side, Lumi smiled and said: "You have skillfully completed the first challenge. Now, let's move on to the second challenge."

The second challenge took Lucas to a clearing where there was a large maze made of tall hedges. Lumi explained: "This maze is full of confusing paths and traps. To find the way out, you must listen to the whispers of the flowers around. They will guide you."

Lucas entered the maze and began to listen to the whispers of the flowers. The flowers gave him hints and directions about the correct path to take. With patience and attention, he found the exit of the maze. Lumi was waiting and said: "Great job! You have overcome the second challenge. Now, the final challenge awaits."

The third challenge was a riddle. Lumi took Lucas to a large moss-covered rock where a riddle was inscribed: "I am as light as a feather, but I can move mountains. What am I?"

Lucas thought for a moment and, with a smile, answered: "The wind!"

The rock moved aside, revealing a hidden cave behind it. Lumi said: "You solved the riddle and can now enter the cave. The great secret of the Garden of Magical Whispers is inside."

Lucas entered the cave and found a magnificent altar illuminated by a golden light. On the altar was an ancient book covered in dust. Lucas brushed off the dust and opened the book, finding inside a special message: "The true secret of the Garden of Magical Whispers is that magic resides in the heart and mind of those who believe. This garden was created to remind people that true magic comes from within."

Lumi appeared beside Lucas and said: "You have discovered the great secret of the garden. Magic is not only in the world around you but also within you. Use your imagination, your heart, and your courage to create your own magic and spread joy."

Lucas smiled and thanked Lumi for the incredible adventure. He left the cave and returned to the entrance of the garden. With the blue crystal and the scroll in hand, he returned to his village. When he shared his adventure with the villagers, everyone was amazed and inspired.

The blue crystal became a symbol of inspiration and hope for everyone in the village. Lucas continued to explore the world around him, always guided by the magic he had discovered within himself.

And whenever he passed by the Garden of Magical Whispers, Lucas remembered the book's message and the importance of believing in his own magic. He knew that, regardless of challenges and adventures, true magic was in his own courage and the love he shared with others.

Thus, Lucas lived a life full of adventures and dreams, always keeping his heart open to new discoveries and wonders. And the Garden of Magical Whispers continued to be a special place where magic and imagination met, reminding everyone that true magic is always within us.

O Coração da Floresta Encantada

Era uma vez, numa aldeia tranquila situada entre montanhas majestosas e vales verdejantes, um menino chamado Rafael. Rafael tinha apenas nove anos, mas seus olhos brilhavam com a curiosidade de alguém que já viu muitos mundos. Ele adorava explorar a floresta ao redor da aldeia, imaginando aventuras e descobrindo segredos escondidos.

Um dia, enquanto caminhava por um caminho pouco conhecido da floresta, Rafael encontrou algo que nunca tinha visto antes. Entre as árvores altas e os arbustos densos, havia uma pequena clareira onde flores de todas as cores brotavam em perfeita harmonia. No centro da clareira estava uma árvore pequena, mas muito especial. Seu tronco era de um tom dourado, e suas folhas pareciam brilhar com a luz do sol que filtrava através das copas das árvores ao redor.

Intrigado, Rafael se aproximou da árvore e, ao tocar seu tronco, sentiu uma sensação de calor e leveza. Para sua surpresa, a árvore começou a brilhar ainda mais intensamente, e uma voz suave e acolhedora surgiu do tronco: "Olá, Rafael. Sou a Árvore do Coração da Floresta. Você é a pessoa certa para uma grande missão. Deseja ouvir sobre a jornada que deve empreender para ajudar a salvar a floresta?"

Rafael, com o coração batendo forte de empolgação, respondeu: "Sim, eu adoraria ouvir e ajudar no que for preciso!"

A Árvore do Coração da Floresta continuou: "Há muito tempo, minha essência e a magia da floresta estavam em perfeita harmonia, trazendo alegria e vida a todos os seres que aqui habitam. Porém, um dia, uma sombra caiu sobre a floresta, e a magia começou a desaparecer. Minha essência foi enfraquecida, e agora a floresta está em perigo. Para restaurar a magia, você precisa encontrar o Coração da Floresta, um cristal mágico que foi perdido em algum lugar profundo e oculto na floresta. Somente quem possui um coração puro e corajoso pode encontrar o cristal e trazer de volta a harmonia."

Rafael estava determinado a ajudar. A Árvore do Coração da Floresta entregou-lhe um mapa antigo e uma pequena bússola dourada. O mapa mostrava o caminho para o coração da floresta, mas estava repleto de marcas misteriosas e símbolos antigos. Rafael sabia que a jornada não seria fácil, mas sua determinação era maior do que qualquer desafio.

Ele começou sua jornada imediatamente, seguindo o mapa através da floresta. O primeiro desafio foi atravessar um rio de águas cristalinas. A correnteza era forte, e a água estava repleta de pedras escorregadias. Rafael usou pedras e troncos para formar um caminho seguro e atravessou o rio com cuidado.

Do outro lado do rio, Rafael encontrou uma caverna escura. No entanto, à medida que se aproximava, ele ouviu um som suave e melodioso vindo do interior. Com a bússola em mãos, ele seguiu o som até o fundo da caverna e descobriu um grupo de pequenas criaturas luminosas, semelhantes a vagalumes, que brilhavam em um tom verde-esmeralda. As criaturas eram os Guardiões da Luz, e um deles, com asas brilhantes, se aproximou de Rafael e disse:

"Olá, Rafael. Nós somos os Guardiões da Luz. Para prosseguir em sua jornada, você deve encontrar a chave que abriu o portão para a próxima parte da floresta. A chave está escondida entre as raízes da Grande Árvore do Vale."

Rafael agradeceu aos Guardiões da Luz e seguiu para o Vale das Águas. No vale, encontrou uma enorme árvore com raízes que se espalhavam por todo o solo. Rafael começou a escavar cuidadosamente entre as raízes e encontrou uma pequena caixa antiga. Dentro da caixa estava uma chave dourada e brilhante. Com a chave em mãos, Rafael continuou sua jornada.

Seguindo o mapa, ele chegou a uma parte da floresta onde o ar estava denso e as árvores eram muito mais altas do que qualquer outra que ele já tinha visto. Havia uma porta mágica coberta por vinhas e flores. Rafael usou a chave dourada para abrir a porta e encontrou um caminho iluminado por pequenas lanternas feitas de flores.

Enquanto caminhava por este caminho encantado, Rafael encontrou uma pequena raposa de pelagem prateada chamada Luma. Luma parecia preocupada e disse: "Olá, Rafael. Eu sou Luma. O caminho até o Coração da Floresta está cheio de armadilhas e ilusões. Eu posso ajudar, mas preciso que você responda a um enigma para provar que é digno de continuar sua jornada."

Rafael aceitou o desafio e Luma recitou o enigma: "Eu tenho cidades, mas não tenho casas. Tenho montanhas, mas não tenho árvores. Tenho água, mas não tenho peixes. O que sou eu?"

Rafael pensou por um momento e, com um sorriso, respondeu: "Um mapa!"

Luma sorriu e disse: "Você respondeu corretamente. Agora, vou guiá-lo através do caminho seguro até o local onde o Coração da Floresta está escondido."

Luma guiou Rafael por um caminho tortuoso, cheio de ilusões e desafios mágicos. Juntos, enfrentaram criaturas encantadas e superaram obstáculos. Finalmente, eles chegaram a uma clareira onde uma grande fonte de água jorrava de uma rocha. No fundo da fonte, Rafael viu um brilho dourado.

Com a ajuda de Luma, Rafael mergulhou na fonte e encontrou o Coração da Floresta, um cristal mágico que irradiava uma luz suave e reconfortante. Ao tocar o cristal, Rafael sentiu uma onda de energia e paz. Ele sabia que estava pronto para restaurar a magia da floresta.

Com o cristal em mãos, Rafael e Luma retornaram à clareira onde a Árvore do Coração da Floresta esperava ansiosamente. Rafael colocou o cristal no tronco da árvore, e imediatamente, a árvore começou a brilhar intensamente. A magia da floresta começou a se restaurar, e a energia voltou a fluir por todos os cantos da floresta. As flores estavam mais vibrantes, e os animais voltaram a cantar e brincar alegremente.

A Árvore do Coração da Floresta agradeceu a Rafael e disse: "Você trouxe de volta a magia da floresta e restaurou a harmonia que havia sido perdida. Sua coragem e coração puro foram a chave para salvar este lugar."

Rafael sorriu e se despediu de Luma e dos Guardiões da Luz. Ele voltou para sua aldeia, onde todos estavam ansiosos para ouvir sobre sua incrível aventura. A história de Rafael se espalhou pela aldeia, e ele se tornou um exemplo de coragem e determinação para todos.

Com o tempo, Rafael continuou a explorar e a viver novas aventuras, sempre mantendo o coração aberto e a mente curiosa. A floresta encantada se tornou um lugar especial para ele, onde ele podia se lembrar da importância de acreditar na própria força e na magia que existe dentro de todos nós.

The Heart of the Enchanted Forest

Once upon a time, in a peaceful village nestled between majestic mountains and lush valleys, there lived a boy named Rafael. Rafael was only nine years old, but his eyes sparkled with the curiosity of someone who had seen many worlds. He loved exploring the forest around his village, imagining adventures and uncovering hidden secrets.

One day, while walking along a lesser-known path in the forest, Rafael stumbled upon something he had never seen before. Among the tall trees and dense bushes, there was a small clearing where flowers of all colors bloomed in perfect harmony. In the center of the clearing stood a small but very special tree. Its trunk was a golden hue, and its leaves seemed to glow with the sunlight filtering through the canopy of trees around it.

Intrigued, Rafael approached the tree and, upon touching its trunk, felt a sensation of warmth and lightness. To his surprise, the tree began to glow even more brightly, and a soft, welcoming voice emerged from the trunk: "Hello, Rafael. I am the Tree of the Heart of the Forest. You are the right person for a great mission. Would you like to hear about the journey you must undertake to help save the forest?"

With his heart racing with excitement, Rafael replied: "Yes, I would love to hear and help in any way I can!"

The Tree of the Heart of the Forest continued: "Long ago, my essence and the magic of the forest were in perfect harmony, bringing joy and life to all the creatures that dwell here. However, one day, a shadow fell upon the forest, and the magic began to fade. My essence was weakened, and now the forest is in danger. To restore the magic, you need to find the Heart of the Forest, a magical crystal that was lost somewhere deep and hidden within the forest. Only someone with a pure heart and great courage can find the crystal and bring back harmony."

Rafael was determined to help. The Tree of the Heart of the Forest handed him an

ancient map and a small golden compass. The map showed the way to the heart of the forest but was filled with mysterious marks and ancient symbols. Rafael knew that the journey would not be easy, but his determination was greater than any challenge.

He set off immediately, following the map through the forest. The first challenge was to cross a river of crystal-clear water. The current was strong, and the water was filled with slippery stones. Rafael used stones and logs to form a safe path and carefully crossed the river.

On the other side of the river, Rafael found a dark cave. However, as he approached, he heard a soft and melodious sound coming from within. With the compass in hand, he followed the sound to the back of the cave and discovered a group of small, luminous creatures, resembling fireflies, glowing in an emerald-green hue. The creatures were the Guardians of the

Light, and one of them, with shimmering wings, approached Rafael and said: "Hello, Rafael. We are the Guardians of the Light. To proceed on your journey, you must find the key that opens the gate to the next part of the forest. The key is hidden among the roots of the Great Tree of the Valley."

Rafael thanked the Guardians of the Light and made his way to the Valley of Waters. In the valley, he found a massive tree with roots sprawling across the ground. Rafael began to carefully dig among the roots and found a small, ancient box. Inside the box was a golden, glowing key. With the key in hand, Rafael continued his journey.

Following the map, he arrived at a part of the forest where the air was dense, and the trees were much taller than any he had seen before. There was a magical door covered with vines and flowers. Rafael used the golden key to open the door and found a path illuminated by small lanterns made of flowers.

As he walked along this enchanted path, Rafael encountered a small silver-furred fox named Luma. Luma looked worried and said: "Hello, Rafael. I am Luma. The path to the Heart of the Forest is filled with traps and illusions. I can help, but you must answer a riddle to prove you are worthy of continuing your journey."

Rafael accepted the challenge, and Luma recited the riddle: "I have cities but no houses. I have mountains but no trees. I have water but no fish. What am I?"

Rafael thought for a moment and, with a smile, answered: "A map!"

Luma smiled and said: "You answered correctly. Now, I will guide you through the safe path to the place where the Heart of the Forest is hidden."

Luma guided Rafael through a winding path full of magical illusions and challenges. Together, they faced enchanted creatures and overcame obstacles. Finally, they reached a clearing where a great spring of water flowed from a rock. At the bottom of the spring, Rafael saw a golden glow.

With Luma's help, Rafael dove into the spring and found the Heart of the Forest, a magical crystal that radiated a soft and comforting light. When he touched the crystal, Rafael felt a wave of energy and peace. He knew he was ready to restore the magic of the forest.

With the crystal in hand, Rafael and Luma returned to the clearing where the Tree of the Heart of the Forest awaited anxiously. Rafael placed the crystal into the tree's trunk, and immediately, the tree began to glow intensely. The magic of the forest began to be restored, and energy flowed back through every corner of the forest. The flowers were more vibrant, and the animals returned to singing and playing joyfully.

The Tree of the Heart of the Forest thanked Rafael and said: "You have brought back the magic of the forest and restored the harmony that had been lost. Your courage and pure heart were the key to saving this place."

Rafael smiled and said goodbye to Luma and the Guardians of the Light. He returned to his village, where everyone was eager to hear about his incredible adventure. Rafael's story spread throughout the village, and he became an example of courage and determination for everyone.

Over time, Rafael continued to explore and live new adventures, always keeping an open heart and a curious mind. The enchanted forest became a special place for him, where he could remember the importance of believing in his own strength and the magic that exists within all of us.